Bernd M. Wittschier

30 Minuten
für die erfolgreiche
Mediation
im Unternehmen

Die Deutsche Bibliothek – CIP-Einheitsaufnahme

Ein Titeldatensatz für diese Publikation ist bei der Deutschen Bibliothek erhältlich.

Umschlag und Layout: HDR Repro GmbH, Offenbach
Lektorat: Hille & Schäfer, Freiburg
Satz: Wegner-Repke Typographie & Design, Offenbach
Druck und Verarbeitung: Salzland Druck, Staßfurt

Hinweis:
Das Buch ist sorgfältig erarbeitet worden. Dennoch erfolgen alle Angaben ohne Gewähr. Weder Autor noch Verlag können für eventuelle Nachteile oder Schäden, die aus den im Buch gemachten Hinweisen resultieren, eine Haftung übernehmen.

Printed in Germany

ISBN 3-89749-256-3

In 30 Minuten wissen Sie mehr!

Dieses Buch ist so konzipiert, dass Sie in kurzer Zeit prägnante und fundierte Informationen aufnehmen können. Mit Hilfe eines Leitsystems werden Sie durch das Buch geführt. Es erlaubt Ihnen, innerhalb Ihres persönlichen Zeitkontingents (von 10 bis 30 Minuten) das Wesentliche zu erfassen.

Kurze Lesezeit
In 30 Minuten können Sie das ganze Buch lesen. Wenn Sie weniger Zeit haben, lesen Sie gezielt nur die Stellen, die für Sie wichtige Informationen beinhalten.

- Alle wichtigen Informationen sind blau gedruckt.

- Schlüsselfragen mit Seitenverweisen zu Beginn eines jeden Kapitels erlauben eine schnelle Orientierung: Sie blättern direkt auf die Seite, die Ihre Wissenslücke schließt.

- *Zahlreiche Zusammenfassungen innerhalb der Kapitel erlauben das schnelle Querlesen. Sie sind blau gedruckt und zusätzlich durch ein Uhrsymbol gekennzeichnet, so dass sie leicht zu finden sind.*

- Ein Register erleichtert das Nachschlagen.

Inhalt

Vorwort

Mediation - nicht nur für Streithähne

Es spricht sich herum: Die wichtigste Ressource in den Unternehmen ist der Mensch. Im Rahmen der Globalisierung gleichen sich Produktionsbedingungen, Investitionsvolumen und Absatzmärkte immer mehr an, die Konkurrenz nimmt zu. Den entscheidenden Vorsprung verschaffen den erfolgreichen Unternehmen ihre Mitarbeiterinnen und Mitarbeiter. An Manager stellen sich daher immer höhere Anforderungen in der Personalführung. Sie müssen:

- die Kooperation sichern und bei den Einzelnen sowie in den Teams die Motivation kontinuierlich erhalten,
- Flexibilität und Kreativität fordern und fördern sowie Qualität und Quantität der menschlichen Leistungen konstant steigern,
- die Innovations- und Produktionszyklen verkürzen (wesentlich über die Mitarbeiter).

Unter diesen Anforderungen nimmt der Druck auf die Führungskräfte und Mitarbeiter ständig zu. Unter Druck reagieren die meisten Menschen gereizt. An- und Überforderungen suchen sich ein Ventil, häufig entlädt sich die Spannung in offenen oder verdeckten zwischenmenschlichen Konflikten.

Konflikte sind die schlimmste Form der Reaktion auf Druck: Sie erhöhen für eine unbestimmbare Zeit die gereizte Stimmung, übertragen sich auf Unbeteiligte, bremsen Leistung, Flexibilität, Kreativität und Tempo. Sie legen Kommunikation und Kooperation lahm. In zahlreichen Unternehmen entsteht ein Teufelskreis aus zunehmendem Druck und eskalierenden Konflikten. Der Verschleiß an der Ressource Mensch, an Kapital und Leistungspotenzial ist enorm.

Konfliktvermittlung mit Wirtschaftsmediation

Es spricht sich ebenfalls herum: Wirtschaftsmediation, die professionelle Konfliktvermittlung, löst Konflikte in den Unternehmen und die Beteiligten gewinnen durch sie die für den Erfolg notwendigen Eigenschaften und Fähigkeiten zurück. Wie sie das macht, das beschreibe ich in dieser Broschüre für Führungskräfte, Mitarbeiter, Beteiligte und Beobachter von internen Konflikten, für alle Interessierten an der Mediation sowie solche, die sich darin ausbilden lassen wollen und eine erste Information, einen Über- und Einblick wünschen.

Was Mediation leistet

Ich möchte mit dieser Veröffentlichung dazu beitragen, dass sich der Nutzen der Mediation noch mehr herumspricht. Sicher, primär hilft der Mediator – als externer Berater oder als interner Experte in großen Unternehmen – Konflikte zu lösen. Diese Aufgabe bleibt bestehen, sie wird immer stärker gebraucht. Aber in den rund zwanzig Jahren Mediation im deutschen Sprachraum, etwas länger noch in den USA, sind zahlreiche Erfahrungen gesammelt worden, deren Erkenntnisse für die Konfliktprophylaxe und das allgemeine Management in die Unternehmen geleitet werden können.

Aus der Erfahrung mit Mediation weiß man:

- wodurch Konflikte in Unternehmen entstehen,
- wie sich verdeckte Konflikte erkennen lassen,
- welche Konsequenzen Konflikte haben,
- wie man Konflikte rechtzeitig löst, um eine Eskalation zu verhindern,
- wie eine Konfliktlösung aussehen muss, damit sie für die Kooperation praktikabel ist und die Motivation, Kreativität, Flexibilität und Leistung der Mitarbeiter optimiert.

Durch die Auswertung der Erfahrungen mit Mediation hat man folgende Erkenntnisse gewonnen:

- wie eine Konfliktprophylaxe aussehen muss,
- wodurch Kommunikation und Kooperation verbessert werden,
- wie der zwischenmenschliche Bereich gestaltet werden kann, um die Ziele des Unternehmens und die Bedürfnisse der Mitarbeiter widerspruchsfrei zu verwirklichen,
- wie auf ex- und internen Druck reagiert werden sollte, damit er nicht zu Konflikten und Verweigerungen führt,
- wie Manager ohne Reibungsverluste „führen" und auf diese Weise ein Klima schaffen können, in dem gerne, kooperativ und erfolgreich gearbeitet wird.

Dieses Buch kann nur einen kleinen Beitrag zur Vermittlung der Erfahrungen aus der Mediation leisten. Aber diesen Beitrag erbringe ich gerne – hoffentlich zu Ihrem Vorteil. Ich wünsche Ihnen eine interessante Lektüre!

Dr. Bernd M. Wittschier
www.423gmbh.de

Brauchen Sie einen Mediator?

Nutzen Sie die folgende Checkliste um festzustellen, ob Ihr Unternehmen, Ihre Abteilung oder Ihr Umfeld „konfliktgefährdet" ist. Die Auswertung des Tests gibt Ihnen einen ersten Hinweis, ob es überlegenswert ist, eine Mediation durchzuführen.

Bitte kreuzen Sie an, welche Aussage auf Ihre Situation zutrifft:

	stimmt	stimmt nicht
1. Ich beobachte immer wieder, dass bei uns „getuschelt" und „hinter vorgehaltener Hand" geredet wird. In den meisten Fällen geht es um irgendwelche Gerüchte – bis hin zu Sticheleien und Intrigen.	☐	☐
2. Bei uns herrscht eine aggressive, fast schon feindselige Atmosphäre. Das Betriebsklima ist schlecht.	☐	☐
3. Wir haben einen sehr hohen Fehlzeitenstand.	☐	☐
4. Ich stelle eine zunehmende Demotivation fest. Die Mitarbeiter erledigen ihre Aufgaben nachlässig und wenig sorgsam. Jeder scheint nur gerade so viel und so gut zu arbeiten, dass es keinen unmittelbaren Grund zur Klage gibt. Die Mitarbeiter arbeiten „nach Vorschrift".	☐	☐

5. Die Mitarbeiter versuchen, wo immer möglich, Zielsetzungen zu hintertreiben oder in Frage zu stellen und Aufgaben zu delegieren. ☐ ☐

6. Es kommt öfter vor, dass Informationen nicht weitergeleitet werden oder gar verloren gehen. ☐ ☐

7. Spreche ich Mitarbeiter auf mögliche Konflikte an, reagieren sie abweisend, zurückhaltend und ausweichend. ☐ ☐

Bei wie vielen Fragen haben Sie „stimmt" angekreuzt?

Auswertung

0-2-mal: Außer den „üblichen" Konflikten scheint bei Ihnen keine ausgeprägte Konfliktlage vorzuliegen. Trotzdem sollten Sie die Situation weiterhin aufmerksam beobachten.

3-5-mal: Es ist zu vermuten, dass bei Ihnen unter der Oberfläche tiefgreifende Konflikte schwelen. Versuchen Sie, den Konflikttyp zu definieren (siehe ab S. 14).

6-7-mal: Vermutlich stehen gleich mehrere Konflikte unmittelbar vor dem Ausbruch. Welcher Art sind die Konflikte (vgl. Kapitel 1 ab S. 12)? Auf welcher Eskalationsstufe befinden sich die Konflikte (siehe ab S. 18)?

1. Konflikte und Konflikttypen (er)kennen

Wissen Sie, was ein Konflikt ist und welche Konflikttypen es gibt?

Seite 14

Kennen Sie die neun Eskalationsstufen, die ein Konflikt durchläuft?

Seite 18

Sind Ihnen die Anzeichen bekannt, an denen Sie einen Konflikt frühzeitig identifizieren können?

Seite 22

Jedes Mal, wenn der Kollege im selben Zimmer die Schreibtischlade zuschlägt – das macht er oft –, ist es ein Schlag auf die Nerven. Irgendwann ist es zuviel: Der Konflikt ist da, die beiden sprechen nicht mehr miteinander.

Zwischen Rauchern und Nichtrauchern herrscht Dauerkrieg, Kompromisse scheitern. Arbeitsprozesse müssen primär innerhalb der beiden Gruppen organisiert werden und leiden darunter.

Die Konkurrenz zwischen zwei aufstrebenden Führungskräften eskaliert. „Sie/Er oder ich": Beide können nicht mehr miteinander arbeiten, auf der Suche nach Unterstützung spalten sie die Abteilungen, Intrigen vergiften die Atmosphäre, am Ende muss sich das Unternehmen von beiden trennen. Die Verluste sind hoch.

Konflikte im Zusammenleben sind normal, alltäglich und banal. Aus ihnen herauszukommen ist dagegen schwierig. Sie zu beenden kostet alle – sowohl die Konfliktparteien selbst als auch die Vermittler – Kraft, Selbstüberwindung und sehr viel Flexibilität, mehr, als man in Konflikten im Allgemeinen aufbringen kann und möchte. Oft sieht niemand einen echten Ausweg, eine Lösung im Vollsinn des Wortes. Oder alle Vorschläge werden einfach verweigert.

Im Folgenden gebe ich Ihnen einige notwendige, sehr kurze theoretische Definitionen und Klärungen an die Hand, die helfen sollen, Konflikte richtig einzuschätzen und dann auch zu lösen.

1.1 Die sechs häufigsten Konflikttypen

Eine professionelle Konfliktvermittlung schaut sich zunächst an, um welche Art von Konflikt es sich im konkreten Fall handelt.

Grob lassen sich folgende sechs Arten unterscheiden:

1. Zielkonflikte entstehen bei Uneinigkeit über die Ziele.
2. Beurteilungs-/Wahrnehmungskonflikte haben ihre Ursache in der Uneinigkeit über Werte und Normen der Zusammenarbeit.
3. Rollen-/Machtkonflikte sind die Folge von Uneinigkeit bezüglich Positionen und Kompetenzen.
4. Ressourcenkonflikte entstehen durch Uneinigkeit über die Zuteilung von Personal, Material und Kapital.
5. Beziehungskonflikte sind die Folge von Uneinigkeit in der Beziehung und Kooperation zwischen Menschen.
6. Strategie-/Methodenkonflikte basieren auf der Uneinigkeit über Wahl und den Einsatz bestimmter Methoden.

Sach- und Beziehungsaspekt

Normalerweise kommen in der Realität Mischformen vor: Ein Strategiekonflikt kann - unter Erfolgsdruck - zu einem Beziehungskonflikt zwischen Führungskräften und/oder den Mitarbeitern verschiedener Abteilungen werden. Prinzipiell gilt: Selbst wenn Konfliktgegner behaupten, ihre Auseinandersetzung sei rein sachlicher

Natur, sind immer persönliche Beziehungen betroffen, (insgeheim) wird im Konflikt immer auch an der Person des Gegners, an seinem Sein Anstoß genommen.

Definition: Konflikt

Folgende, wenig wissenschaftliche, aber nützliche und praktische Definition des Begriffes „Konflikt" ist die Grundlage meiner Ausführungen:

- Ein Konflikt ist die Unvereinbarkeit im Denken, Vorstellen, Wahrnehmen, Fühlen, Wollen oder Handeln von zwei oder mehr Parteien,
- die von mindestens einer der Parteien als solche empfunden wird und
- die Beeinträchtigung und/oder Verhinderung der Verwirklichung der je eigenen Ziele, Interessen, Gefühle oder Vorstellungen durch die andere(n) Partei(en) zur Folge hat.

Der allgemein übliche Sprachgebrauch von „Konflikt" deckt sich meistens mit dieser Definition.

Professionelle Konfliktmanager und Mediatoren prüfen zuerst, welcher Konflikttyp vorliegt. Es gibt Zielkonflikte, Beurteilungs-/Wahrnehmungskonflikte, Rollen-/Machtkonflikte, Ressourcenkonflikte, Beziehungskonflikte und Strategie-/Methodenkonflikte. Konflikte spielen sich immer sowohl auf der Inhaltsebene als auch auf der Beziehungsebene ab.

1.2 Spannungsfelder und Konfliktverstärkung

Konflikte entstehen in Spannungsfeldern; sie schaffen zwischen den Parteien und in ihrem Umfeld neue Spannungsfelder.

Ein Spannungsfeld, das Konflikte entstehen lässt, ist zum Beispiel jede Form von Druck: Zeitdruck, unadäquate Machtausübung, Konkurrenz und Ähnliches. Viele Menschen spüren diese Spannungsfelder und werden davon auch indirekt betroffen, sie fühlen sich nicht wohl, sind „angespannt", herausgefordert.

Ist ein Konflikt entstanden, verursacht dieser ein weiteres Spannungsfeld: Zwischen den Parteien herrscht höchste Aufmerksamkeit, was der Gegner als Nächstes sagen oder tun könnte, wie dem zuvorzukommen und wie jener am besten zu treffen ist. Da alle Beteiligten so denken und empfinden, eskaliert der Konflikt in dieser Situation, wenn nicht sehr früh mindestens eine Partei die Gelassenheit aufbringt,

- von der eigenen Anspannung abzulassen,
- einen nüchternen Blick auf die gefährliche Entwicklung zu werfen und
- dem Gegner einen fairen Ausweg anzubieten.

Folgen der Eskalation
Gelingt dies nicht, unternimmt niemand frühzeitig den Versuch zur Deeskalation, setzt der Konflikt schließlich auch sein Umfeld unter Spannung:

- Kollegen werden zur Fraktionsbildung angeworben,
- die Vorgesetzten werden gezielt mit Hinweisen, Intrigen, pseudo-sachlichen Anmerkungen zu manipulieren versucht.
- die für die Zusammenarbeit notwendige Kommunikation wird reduziert, Informationen werden vorenthalten, die eigene Energie und Leistungsfähigkeit wird aus dem Arbeitsprozess heraus in den Konflikt geleitet, im gesamten Umfeld leidet die Zusammenarbeit,
- Kreativität wird höchstens auf neue Formen der Auseinandersetzung verwandt, Flexibilität gibt es nur noch im Einsatz gegen die andere Partei, ansonsten ist man eher stur und überträgt diese Haltung auf die Menschen in der Umgebung, deren Handlungs- und Leistungsfähigkeit zunehmend eingeschränkt wird,
- während der Konflikt selbst sich „beschleunigt", bremst er seine Umgebung.

Konflikte entstehen in Spannungsfeldern und führen zur Entstehung eines „Teufelskreises", der durch die Besonnenheit einer der Konfliktparteien durchbrochen werden kann. Geschieht dies nicht, droht der Konflikt zu eskalieren. Je früher ein Konflikt erkannt wird, desto wahrscheinlicher sind die Konfliktdeeskalation und eine frühzeitige Konfliktlösung.

1.3   Die neun Eskalationsstufen

Die Konfliktforschung unterscheidet neun Eskalationsstufen. Die Übergänge sind fließend, die Parteien befinden sich nicht immer gleichzeitig auf derselben Stufe,
einige verharren länger in einer Phase, während andere
zur Eskalationsspitze stürmen und dabei Stufen über-
springen. Es kann sich also im Folgenden nur um
relativ vage Angaben zur Entwicklung eines Konflikts
handeln.

Verhalten auf die Eskalationsstufe abstimmen

Für den Konfliktexperten in der Praxis ist es wichtig,
den bereits erreichten Stand einer Auseinandersetzung
zu erkennen, um die Lösungsstrategie darauf abzustimmen. Und auch, um gegebenenfalls die Entscheidung zu
fällen, sich aus dem Konflikt herauszuhalten:

- Entweder – Stufen 1 und 2 – weil der Konflikt durch
  die Parteien selbst bzw. mit Hilfe einer Person im
  direkten Umfeld des Konflikts noch gelöst werden
  kann.
- Oder – Stufen 8 und 9 – weil mit Vermittlung und
  methodischer Mediation nichts mehr zu erreichen
  ist, sondern nur noch eine radikale Trennung der
  Parteien „hilft". Oder der Ruf nach der Polizei.

Eskalationsstufe 1

Spannungsaufbau, Verstimmungen, Reibungen, Irrita-
tionen, „Missverständnisse" ... Der Konflikt entsteht
aus mangelnder Achtung vor der Meinung (sachlich), in
Wahrheit aber vor der Art (persönlich) des anderen. Es

wächst Antipathie, im Umgang gibt es Unbehagen. Der Schritt zur nächsten Stufe vollzieht sich oft unbemerkt, es genügt zum Beispiel eine beiläufige, „vertrauliche" Bemerkung über den/die andere(n) gegenüber einer dritten Person.

Eskalationsstufe 2
Widerspruch, Auftrumpfen, rhetorische Spitzen, Suche nach Verbündeten (noch nicht gegen den Gegner, aber) für die eigene Position, Konkurrenzdenken, Überheblichkeit gegenüber der Gegenpartei, Verfestigung der Standpunkte. Erleben des Widerspruchs zwischen dem Wunsch nach Verständigung und der spürbaren Verhärtung der Gegensätze, die Schuld daran wird dem anderen angelastet. Nachgeben, das Gespräch suchen würde sich selbst als Schwäche ausgelegt werden.

Eskalationsstufe 3
Die direkte Kommunikation zwischen den Parteien wird eingestellt, Diskussionen als sinnlos erachtet. Es entsteht eine Pattsituation: Zwei feste Standpunkte, über die „nicht zu verhandeln ist". Die Grenze der Fairness wird zum ersten Mal überschritten, Intrigen werden gesponnen, sachfremde Angelegenheiten in der Perspektive des Konflikts gesehen. Aus der Verstimmung wird eine Konfrontation. Auf dieser Stufe ist bereits eine Intervention notwendig, die Beteiligten finden aus eigenem Antrieb nicht mehr aus dem Konflikt heraus.

Eskalationsstufe 4
Erste Fanatisierung des Konflikts, er wird zum zentralen Anliegen der Parteien. Polarisierung. Immer mehr

Unbeteiligte – Vorgesetzte, Kollegen – werden einbezogen, zur Partei gemacht. Schwarzweiß-Denken: eigene Glorifizierung, Abwertung des Gegners. Zunahme von Aggressivität, Zuhilfenahme illegitimer und illegaler Mittel. Ab dieser Phase „brauchen" sich die Gegner gegenseitig, um sich zu bekämpfen. Das (angeblich) Sachliche tritt hinter das Persönliche.

Eskalationsstufe 5

Offener, leidenschaftlicher Kampf zwischen Personen. Diskriminierungen, Diskreditierungen, Diffamierungen: Der andere soll „entlarvt" werden. Versuch, den anderen sozial auszuschließen (zum Beispiel Kündigung erreichen): Der Gegner soll das Feld räumen, auf dem man selbst als Sieger bleiben möchte. Der Konflikt nimmt faschistoide Züge an.

Eskalationsstufe 6

Gewaltdenken und Drohgebärden. Die Angst vor dem Gegner wächst und bestimmt das Handeln, daher nehmen die Angriffe an Häufig- und Heftigkeit zu. Der Konflikt gerät außer Kontrolle: Automatismus der Eskalation. Provokationen als Drohungen, damit der Gegner sich erneut ins Unrecht setzt. Unkontrollierte emotionale Ausbrüche. Das gesamte Leben ist vom Konflikt betroffen, dauerhafte Gereiztheit. Weil man es nicht mehr „aushält", wünscht man eine Wende des Konflikts, sieht aber keinen Ausweg.

Eskalationsstufe 7

Realitätsverlust. Irrationalität. Skrupellosigkeit. Der Schaden des anderen wird als Sieg für sich verbucht und ist oberstes Ziel. Hassgefühle müssen befriedigt, Aggressionen abreagiert werden. Vernichtungswünsche. Sprache und Metaphern aus Krieg, Faschismus. Die Lust an Zerstörung wird wichtiger als der Selbsterhalt: Arbeitsstelle, Freundschafts-, Kollegen- und Familienbeziehungen werden riskiert und zu Gunsten des Konflikts aufgegeben.

Eskalationsstufe 8
Die Vernichtung des Gegners wird zum primären Ziel im Denken und Handeln, dessen existenzielle Basis zerstört. Das Umfeld des Gegners – Familie, Unternehmen, Abteilungen, Organisationen im Privatleben – wird angegriffen. Schlammschlacht. Rücksicht auf Dritte wird völlig außer Acht gelassen, Opfer auf der eigenen Seite werden in Kauf genommen. Ethik, Moral sind aufgegeben. Letzte Hemmung: Selbsterhaltungstrieb, die Sorge um das eigene physische Überleben.

Eskalationsstufe 9
Keine Hemmung mehr, Vernichtung um jeden Preis. Psychische und physische Gewalt schrankenlos möglich. Die Parteien müssen zum Selbst- und Fremdschutz voneinander getrennt werden, unter Umständen gewaltsam. Vermittlungen sind nicht mehr möglich.

Ein Konflikt kann bis zu neun Eskalationsstufen durchlaufen. Für den Konfliktmanager ist es wichtig zu erkennen, auf welcher Stufe sich ein Konflikt befindet, um den Lösungsvorschlag darauf abzustimmen. Befindet sich der Konflikt in den Phasen 1, 2, 8 oder 9, ist es ratsam, sich aus dem Konflikt herauszuhalten.

1.4 Konflikte erkennen und handeln

Woran erkennt man – zum Beispiel als Führungskraft –, dass im eigenen Umfeld oder Verantwortungsbereich Konflikte im Entstehen begriffen sind oder schon die ersten Eskalationsstufen erreicht haben? Die Zeichen sind nicht eindeutig, aber vielfältig. Mit Aufmerksamkeit und Kombinationsgabe kann man sie erkennen und die Symptome richtig deuten:

- Symptome der Unnachsichtigkeit: Schuldzuweisungen, Abkapseln, Egoismus.
- Symptome von Aggression und Feindseligkeit: penetranter Widerspruch, Vergesslichkeit, Ablehnung, Sticheleien.
- Symptome von Rückzug und Desinteresse: schwindende Motivation, Verschlossenheit, Frustrationsäußerungen, Fehlzeiten.
- Symptome für Intrigen und Gerüchte: Überfreundlichkeit, Überinteressiertheit, Bürokratisierung, Delegation, Arbeit „nach Vorschrift".
- Körperliche Symptome: Stress, erhöhter Blutdruck, Herzstolpern, Sodbrennen, Schwächung des Immunsystems, Alkoholexzesse.
- Symptome des Widerstands: Zielverhinderung, schlechte Ausführung von Arbeitsaufträgen, Verschleppung von Informationen.

Erstes Handeln

Eine Führungskraft kann in ihrem Verantwortungsbereich an den beschriebenen Symptomen erkennen, dass ein Konflikt vorhanden ist, und

- nachforschen, woran sich der Konflikt entzündet hat,
- die Konfliktbeteiligten – vorläufig – identifizieren,
- erspüren, ob der Konflikt eskaliert oder (verdeckt) schwelt,
- prüfen, ob ein Mediator gerufen werden muss.

Es gibt einige Symptome, anhand derer bei einiger
Aufmerksamkeit Konflikte frühzeitig identifiziert werden
können. Sobald ein Konflikt erkannt ist, sollte die
Führungskraft den Konfliktherd aufspüren, die be-
teiligten Konfliktparteien identifizieren und sich eine
Konfliktlösungsstrategie überlegen.

- *Erfolgreiche Konfliktlösung setzt voraus,*
  dass Sie über ein möglichst umfangreiches
  Konfliktwissen verfügen.
- *Trainieren Sie es, Konflikttypen zu unterscheiden*
  und festzustellen, auf welcher der neun
  Eskalationsstufen sich ein Konflikt befindet.
  Je früher Sie einen Konflikt erkennen, benennen
  und beschreiben, desto eher können Sie
  entscheiden, ob und wie Sie eingreifen sollten.
- *Sensibilisieren Sie sich dafür, die typischen*
  Konfliktsymptome zu identifizieren.
- *Konflikte laufen immer sowohl auf der*
  sachorientierten Inhaltsebene als auch auf
  der Beziehungsebene ab: In Konflikten sind
  Gefühle Tatsachen. Bei der Konfliktlösung
  sind daher auch Einfühlungsvermögen und
  Fingerspitzengefühl gefragt.

2. Konfliktparteien kennen lernen, Mediation vorbereiten

Kennen Sie die Erwartungen, die die Konfliktparteien und die Unternehmensleitung an einen Mediator haben? **Seite 25**

Wissen Sie, welche Maßnahmen vor Beginn der Mediation ergriffen werden müssen? **Seite 28**

Sind Ihnen die Mediationsregeln bekannt, zum Beispiel das Prinzip der Neutralität des Mediators? **Seite 30**

Die Spannung liegt spürbar im Raum: Wenn der Mediator zum ersten Mal den Beteiligten am Konflikt und den unmittelbaren Beobachtern – als Kollegen immer auch Betroffene – gegenübertritt, sitzt da nicht nur irgendeine ihm unbekannte Gruppe. Die Teilnehmer haben ein ganzes Arsenal an Gefühlen mitgebracht. Diese sind mächtig. Der erste Moment der Mediation kann ein großer Schritt in Richtung Konfliktlösung sein – oder schon das sichere Scheitern bedeuten.

2.1 Die Erwartungshaltung der Konfliktbeteiligten

Die Konfliktparteien sind emotional „geladen". Sie wissen, dass der Mediator wegen ihnen gerufen wurde. Sie müssen dem Prozess zustimmen, damit er stattfinden kann. Das verursacht zusätzliche Empfindungen und innere Widersprüche. Stellen Sie sich den Moment der ersten Begegnung vor. Damit muss der Mediator rechnen:

Emotionaler „Sprengstoff"
Positive Erwartung bei denen, die den Konflikt nicht mehr aushalten, aber selbst keinen Ausweg sehen. Die Erwartung kann sehr gedämpft sein, weil die Parteien nicht mehr an eine Lösung glauben können.

Positive Erwartung auch bei denen, die als Vorgesetzte und Kollegen den Konflikt mit ertragen müssen und mit Mehrarbeit, Störung der Atmosphäre, Parteienbildung und Intrigen belastet sind.

Skepsis ist die stärkste Emotion in diesem Moment. Wie soll denn in dieser verfahrenen Lage eine alle zufrieden stellende Lösung des Falls erreicht werden können? Außerdem besteht die Angst, über den Tisch gezogen zu werden, klein beigeben zu müssen, beschämt zu werden, als Schuldiger dazustehen, Persönliches offenbaren zu müssen ... Die Skepsis richtet sich nicht nur gegen das Verfahren der Mediation, sondern vor allem auch gegen die Person des Mediators.

Dazu kommen Scham, Unwillen, Widerwillen, Ungläubigkeit und innere Widerstände. Eventuell Stolz darüber, dass extra jemand gerufen wurde, um sich mit dem Fall zu beschäftigen. Auch die Erwartung, im Konflikt gegen den Gegner in der Person des Mediators Verstärkung zu gewinnen, darf nicht unterschätzt werden. Und natürlich die Sorge, die andere Partei könne den „Unparteiischen" manipulieren und auf ihre Seite ziehen.

Die Persönlichkeit des Mediators

In diesen ersten Momenten muss der Mediator „das Eis zum Schmelzen bringen". Mehr als von trainierten Methoden hängt sein Erfolg jetzt (und während des gesamten Verfahrens) von seiner Persönlichkeit ab.

Erzählt er eine Geschichte, muss es „seine" Geschichte sein, Inhalt und Erzählweise müssen mit seiner Persönlichkeit identisch sein. Gleiches gilt für persönliche Worte. Der Mediator sollte die Skepsis direkt ansprechen und kein Vertrauensverhältnis beschwören, wo noch keines vorhanden ist. Er sollte klare Angebote machen, Regeln angeben, über das Verfahren aufklären und um Mitarbeit bitten, mit einem Vorschuss an Vertrauen, den jeder leisten kann. Der fehlende Teil wird sich entweder im Laufe der Mediation entwickeln, der Mediator wird ihn sich verdienen – oder die Mediation scheitert.

Im Vorfeld dieses ersten Treffens bittet der Mediator um die Anwesenheit aller vom Konflikt direkt und indirekt Betroffenen. Seine Informationen sollen bei allen Klarheit über Absicht und Verfahren der Mediation schaffen. Wird – wie der Konflikt – auch die Mediation von Gerüchten und Verdächtigungen begleitet, ist sie höchst gefährdet. Diese Informationspolitik behält der Mediator bei: In regelmäßigen Abständen werden alle, nicht nur die Unternehmensleitung als Auftraggeber, unterrichtet. Selbstverständlich muss das Verhältnis zum Auftraggeber vorher geklärt sein.

Die am Konflikt Beteiligten werden dem Mediator zunächst mit den verschiedenartigsten Gefühlen begegnen. Gleich zu Beginn der Mediation muss er versuchen, ein konstruktives Verhältnis zu den Konfliktparteien aufzubauen. Ob ihm dies gelingt, hängt von seinem authentischen Verhalten und seiner Persönlichkeit ab.

2.2 Die Vorbereitung auf die Mediation

Eine Unternehmensleitung entschließt sich aus den verschiedensten Gründen für eine Mediation:

- Sie weiß von den Vorteilen der Mediation und entschließt sich positiv überzeugt dafür.
- Sie steht – durch Konfliktbeteiligte, Betriebsrat, Führungskräfte – unter Druck und ruft einen Mediator, um überhaupt Aktivität zu beweisen. Die Unternehmensleitung ist also skeptisch.
- Sie wagt einen letzten Versuch, um Personalentlassungen, juristische Verfahren und damit verbunden hohe Verluste zu verhindern, teilt aber nahezu die Auffassung der Konfliktbeteiligten, es gebe keine gute Lösung.
- Sie ist ratlos und hofft auf die Beratung durch den Experten, der Entschluss entstammt ihrer Verlegenheit.

Vereinbarungen mit der Unternehmensleitung
Der Mediator klärt, soweit dies nicht schon vorausgesetzt werden kann, den Auftraggeber über die Mediation auf. Er informiert sich über den Konflikt zunächst aus der Perspektive des Auftraggebers, fragt nach Zahl, Positionen und Namen der Beteiligten, ihren Arbeitsaufträgen, Zeitpunkt des Beginns, Ursprung und Anlass des Konflikts, auch nach den Erwartungen der Unternehmensleitung, die er gegebenenfalls korrigiert. Der Mediator macht zum Beispiel keine Angaben über die Dauer der Mediation, da diese stark vom speziellen Fall

abhängt. Er kann und darf auch keine Erfolgsgarantie abgeben, allerdings kann er auf die guten Chancen verweisen.

Der Mediator nimmt den Auftrag zunächst nur vorläufig an. Die endgültige Entscheidung darüber wird erst nach einer Serie von Einzelgesprächen mit allen Beteiligten gefällt, wenn er sich ein genaues Bild über den Konflikt und die Phase seiner Eskalation verschafft hat und damit die Chancen des Verfahrens besser einschätzen kann.

Weitere wichtige Hinweise an die Unternehmensleitung sind:

- Im Rahmen des Verfahrens ist die unternehmensinterne Hierarchie aufgehoben, in den Verhandlungsrunden sind alle Teilnehmer gleichberechtigt.
- Die Unternehmensleitung wird nicht über vertrauliche Mitteilungen informiert; sie wird vom Mediator keine Einschätzung bestimmter Mitarbeiter erfahren.
- Ebenso wenig kann der Auftraggeber eine Lösung vorgeben oder auf einer wie auch immer gearteten Bevorzugung einzelner Personen bestehen.

Das erste Treffen
Sind diese Dinge geklärt, kann die erste Begegnung zwischen den Konfliktbeteiligten, den Betroffenen und dem Mediator stattfinden. Der Mediator bittet den Auftraggeber, alle Personen entsprechend zu informieren.

Der Mediator informiert sich im Vorfeld der Mediation bei der Unternehmensleitung genau über die Hintergründe des Konflikts. Er tauscht sich zwar mit der Unternehmensleitung aus, während der Mediation selbst ist die übliche unternehmensinterne Hierarchie aber aufgehoben. Es nehmen vielmehr alle Beteiligten gleichberechtigt an der Mediation teil. Die Unternehmensleitung hat die Aufgabe, alle Teilnehmer zu informieren.

2.3 Regeln und Kennzeichen der Mediation

Der Mediator beachtet und erklärt den Beteiligten folgende grundlegende Verfahrensbestandteile und Regeln der Mediation sowie die verpflichtende Haltung des Mediators während des Prozesses:

Freiwilligkeit und Eigenverantwortlichkeit

Nur das freiwillige – wenn auch mit Vorbehalten eingeschränkte – Mitwirken der Beteiligten, das am Ende auch die freiwillige und eigenverantwortliche Annahme der gemeinsam erarbeiteten Ergebnisse einschließt, ermöglicht solide Verhandlungsresultate und eine echte Verständigung. Diese Kriterien müssen von vornherein klar sein. Damit wird ausgeschlossen, dass später über Konsensvereinbarungen Vorbehalte geäußert werden. Wer unterschreibt, steht dafür ein. Zweifel sind unbedingt vor dem Abschluss anzumelden, niemand darf mit begründeten Bedenken einen Konsens für sich verpflichtend übernehmen.

Vertraulichkeit

Was in Einzelgesprächen und in Verhandlungen am runden Tisch gesagt wird, darf nicht nach außen getragen werden. Das gilt sowohl für den Mediator als auch für alle Beteiligten. Ausnahmen bedürfen der ausdrücklichen Genehmigung durch den Sprecher – zum Beispiel wenn der Mediator als „Bote" zwischen Konfliktbeteiligten wirkt, die die direkte Kommunikation noch nicht wieder aufgenommen haben.

Gesprächsregeln:
- Jeder darf ausreden.
- Jeder muss verstehen, was der andere sagt, und hat ein Recht darauf. Darum ist jeder Teilnehmer bei Verständnisschwierigkeiten befugt nachzufragen.
- Keine Beleidigungen und Ausfälle!

Neutralität und Allparteilichkeit

Oberste Pflicht des Mediators ist seine Neutralität im Konflikt und gegenüber den Parteien. Sie darf nicht nur verbal versichert und mechanisch vollzogen, sondern muss aus seiner gesamten Persönlichkeit deutlich erfahrbar werden. Allparteilichkeit – eine gesteigerte Form der Neutralität – sorgt dafür, dass jede Partei zu ihrem Recht kommt und am Verfahren angemessen und optimal teilnimmt.

Die Konfliktparteien nehmen freiwillig an der Mediation teil und verpflichten sich, die gemeinsam erarbeiteten Ergebnisse der Mediation eigenverantwortlich mitzutragen. Zudem verpflichten sie sich auf das Prinzip der Vertraulichkeit. Der Mediator verhält sich neutral.

2.4 Einzelgespräche führen, Konfliktfall analysieren, Entscheidung treffen

Ich beginne die Mediation mit einer Serie von Einzelgesprächen. Erstens, um mir ein genaues Bild der Situation zu verschaffen. Zweitens, um den Beteiligten die Möglichkeit freier Meinungsäußerung zu geben, ohne von der Anwesenheit des Konfliktgegners gehemmt oder provoziert zu werden. Drittens, um die Charaktere der Beteiligten kennen zu lernen.

Ein Einzelgespräch mit einem direkt am Konflikt Beteiligten dauert ungefähr anderthalb Stunden, mit außenstehenden Beobachtern etwa dreißig Minuten. Prinzipiell gilt: Jeder soll ausreichend Zeit erhalten, um dem Mediator seine Sicht der Dinge sowie seine Empfindungen darstellen zu können.

Zuhören und fragen
In den Einzelgesprächen höre ich vor allem zu. Ich stelle Fragen – auch sehr persönliche – nach der Gefühlslage, den Einschätzungen, den erfahrenen Beleidigungen und der empfundenen Tiefe der Verletzung, unter Umständen auch nach der persönlichen Vorgeschichte und dem Befinden in Beruf und Privatleben. Jedem Einzelnen wird nochmals absolute Vertraulichkeit zugesichert. Als Mediator enthalte ich mich selbstverständlich jeder wertenden Äußerung über Personen, Verhalten und Vorgänge; meine Reaktionen auf das Geschilderte beschränken sich auf Rückmeldungen des Verstehens und Nachvollziehens sowie auf weiterführende Fragen.

In dieser ersten Phase der Mediation geht es nicht nur um das Kennenlernen der Personen und des Konfliktfalls. Es geht auch um die Akzeptanz des Mediators, seiner Rolle und seiner Person, durch die Konfliktparteien. Wenn diese Akzeptanz – bei durchaus noch vorhandenen Vorbehalten – gewonnen ist, bewegen sich die Parteien bereits im Sinne der Vermittlung auf eine Verständigung zu.

Offenheit als Prinzip

Die Gesprächspartner müssen eine Atmosphäre erfahren, in der sie offen sprechen können. Wenn Skepsis und Befürchtungen überrollt zu werden, langsam abgebaut werden, wächst das Vertrauen. Auch muss nachvollziehbar werden, dass der Mediator nicht der verlängerte Arm der Unternehmensleitung ist, der die Konfliktbeteiligten, vor allem die hierarchisch untergeordneten, diszipliniert. Im Gegenteil: Freiwilligkeit und Eigenverantwortlichkeit der Parteien werden in diesen ersten Begegnungen schon durch das absolute Ernstnehmen und das echte persönliche Interesse an den Personen durch den Mediator konstituiert.

Auf Zwischentöne achten

Natürlich darf ich nicht nur auf die Worte hören, sondern muss auch auf die Zwischentöne achten, ich muss auf das Gemeinte hinter dem Geäußerten schließen und Gefühle, vor allem Ängste, wahrnehmen.

Zu jedem Gespräch wird – exklusiv zum Gebrauch durch den Mediator! – ein Gedächtnisprotokoll angefertigt.

Analyse des Konfliktfalls

Am Ende der Einzelgespräche muss ich in der Lage sein, klar zu erkennen, ob und eventuell auch schon wie der Fall vermittelt werden kann. Dazu erstelle ich eine schriftliche Analyse des Falls. Sie fasst die aus den Einzelgesprächen hervorgegangene Beantwortung folgender Fragen zusammen:

- Wie und wann ist der Konflikt entstanden?
- Was genau sind Anlass und Ursache(n) des Konflikts?
- Welche Personen aus dem Unternehmen sind auf welche Weise beteiligt?
- Wer ist über den Konflikt näher oder lediglich oberflächlich informiert?
- Welche Parteien und Fraktionen haben sich gebildet?
- Welche Phasen hat der Konflikt bereits durchlaufen?
- Wem nützt der Konflikt?
- Wem schadet der Konflikt; wer leidet unter ihm?
- Wer hat ein Interesse daran, den Konflikt „am Kochen" zu halten?
- Wer hat dagegen ernsthaftes Interesse daran, den Konflikt zu beenden?
- Wer hat offenen/verborgenen Einfluss auf den Konflikt?
- Wie genau stehen die Personen zueinander?
- Wer hat die Macht im Konfliktgeschehen?

Notwendigkeit der Mediation feststellen

Nach Möglichkeit erstelle ich ein schematisches Diagramm des Konflikts und trage die beteiligten Personen in der der Realität entsprechenden Distanz zueinander ein.

Dem Auftraggeber wird der Fall basierend auf dieser Analyse geschildert. Jetzt ist der Zeitpunkt gekommen mitzuteilen, ob der Konflikt für eine Mediation geeignet ist, also ob er weder zu harmlos noch zu weit fortgeschritten ist, und wie das weitere Vorgehen geplant ist.

In Einzelgesprächen mit den Konfliktbeteiligten verschafft sich der Mediator einen Überblick über die Konfliktsituation. In diesen Gesprächen verhält sich der Mediator neutral – sein Interesse liegt in der Informationsbeschaffung. Die Ergebnisse der Gespräche bilden die Grundlage für die Entscheidung, ob und wie in dem Fall zu vermitteln ist. Erst dann legt der Mediator fest, ob der Konflikt durch Mediation gelöst werden kann.

- *Im Vorfeld der Mediation besteht die Hauptaufgabe des Mediators in der Informationsbeschaffung und -weiterleitung. Alle Beteiligten müssen genau wissen, was sie in der Mediation erwartet.*
- *Wichtig ist: die Erwartungshaltung der Konfliktbeteiligten klären, die Unternehmensleitung informieren, die Regeln der Mediation kommunizieren, die Position, Rechte und Pflichten des Mediators erläutern.*
- *Der Mediator ist vor allem zur Diskretion und Neutralität verpflichtet.*
- *Vor der eigentlichen Mediation führt der Mediator Einzelgespräche – danach entscheidet er, ob und inwiefern die Mediation zur Konfliktlösung beitragen kann.*

3. Der Konsens am runden Tisch

Wissen Sie, warum der Konsens das wichtigste Ziel der Mediation ist und wie er herbeigeführt werden kann? Seite 38

Kennen Sie die Mediationsmethode „Wünsch dir was"? Seite 41

Sind Ihnen Methoden bekannt, mit denen Sie negative Konfliktenergie in positive Bahnen lenken können? Seite 43

Nach den Einzelgesprächen besteht der zweite Schritt der Mediation in der Zusammenführung der Konfliktbeteiligten am runden Tisch. Die Stimmungen, denen der Mediator dort begegnet, sind diffus: bange oder siegesgewisse Erwartung, Verweigerungswünsche, Tendenzen zum faulen Kompromiss, zur Über- oder Unterordnung, der Wunsch, „es" schnell hinter sich zu bringen, Abwehr- und Angriffshaltungen, Trotz, Misstrauen, Hoffnungen, Fixierung auf den Mediator, Ängste, Pflichtgefühl, gespannte Erwartung.

Neutraler Raum
Der Raum sollte „neutral" sein, also nicht den Arbeitsplatz, das Büro des Vorgesetzten oder des Betriebsrats und auch keine Abstellkammer wählen, sondern ein Besprechungszimmer, am besten außerhalb des Unternehmens. Die Anordnung der Sitzplätze sollte kommunikativ sein, es darf nichts stören und die notwendige Seminartechnik (Flipchart, Overhead–Projektor …) muss bereitstehen.

Erfolgsaussichten
Zumindest einer der Konfliktbeteiligten sollte optimistisch über den Ausgang der Mediation denken und dies als eine ausreichende Basis für die Arbeit des Mediators mitteilen. Wenn keine der Parteien bereit ist, den Dialog am runden Tisch zu versuchen, vermittelt der Mediator als Bote zwischen den Parteien, nennt und verhandelt Bedingungen. Gefordert sind Überzeugungskraft, Einfühlungsvermögen, Beweise seiner Vertrauenswürdigkeit, Taktik und diplomatisches Geschick.

Wenn die Bemühungen des Mediators erfolglos bleiben, wenn niemand – außer der Unternehmensleitung – die Mediation auch nach mehreren Gesprächsversuchen will, muss man sie abbrechen, bevor sie eigentlich begonnen hat. In diesem Fall ist der Mediator entweder zu früh oder zu spät gerufen worden oder er hat sich in seinen analytischen Schlussfolgerungen getäuscht.

3.1 Das Ziel der Mediation: der Konsens

Bevor die eigentlichen Verhandlungen beginnen, macht der Mediator den Beteiligten das Ziel ihres bei aller Spaltung gemeinsamen Prozesses klar: den Konsens. Es geht um eine einvernehmliche, von allen gemeinsam erarbeitete, verantwortete, später getragene und praktizierte Vereinbarung, die die Gegensätze bei größtmöglicher Berücksichtigung der einzelnen und der unternehmenseigenen Interessen überwindet. Es ist dies die einzige Lösung, die nachhaltig praktizierbar ist, neue Konflikte verhindert und reale Aussicht auf Erfolg für alle Beteiligten hat.

Fehlformen von Lösungen

Es gibt keine Mediation am runden Tisch, ohne dass nicht mindestens einer einen „Kompromiss" vorschlägt. Der Mediator weist den Vorschlag freundlich und begründet zurück. Er zählt ihn zu einem der falschen Lösungsmodelle, deren Annahme er zu verhindern hat. Denn niemand ist mit einem Kompromiss vollauf

zufrieden, es bleibt immer ein Verlust- und Verlierer-
gefühl zurück, ein Misstrauen, etwas „Faules", das die
Motivation zur echten Kooperation bremst. Neue
Auseinandersetzungen sind absehbar.

Weitere falsche Lösungen sind die „Flucht", die „Vernichtung" und die „Unterordnung". Bei der „Flucht"
weichen Konfliktbeteiligte in Nachgiebigkeit, Krank-
heit, Ausreden jeder Art aus. Sie fliehen die Auseinandersetzung; kurzfristig stellen sie „Ruhe" her, die
manche fälschlicherweise für Frieden halten. Der
Mediator achtet darauf, dass sich alle Parteien dem
Prozess stellen.

Bei der „Vernichtung" „erledigt" ein Starker einen
Schwächeren in der Konfrontation, um so Handlungs-
fähigkeit und Macht zu gewinnen. Das Unternehmen
jedoch verliert die Leistungspotenz und Kreativität des
Unterlegenen. Die „Unterordnung" ist die Strategie der
„Schwachen", die anderen Dominanz zugestehen, um
selbst in Ruhe gelassen zu werden. Selbstwertgefühl,
Kreativität, Teamgeist gehen verloren. Der Starke setzt
sich durch, nicht unbedingt der Bessere.

Nach den Einzelgesprächen versammeln sich die
Konfliktparteien am runden Tisch und streben einen
Konsens an. Der Konsens ist die einzige Konfliktlösung,
die nachhaltig wirkt und die Entstehung neuer
Konflikte verhindert. Ziel der Mediation darf nicht sein,
einen Kompromiss auszuhandeln, da dieses Lösungs-
modell immer ein Verlust- und Verlierergefühl auf
Seiten der Beteiligten hinterlässt.

3.2 Beginn und Verlauf der Verhandlung

Zu Beginn der Verhandlungen läuft das Gespräch in der Regel über den Mediator. Die Konfliktparteien können noch nicht direkt miteinander kommunizieren. Sie richten sich an den Vermittler, um auf diese Weise auch den Augenkontakt mit dem Gegner weitgehend vermeiden zu können. Das erleichtert den Anfang und dämpft Aggressionen.

Der Mediator bestimmt, wer mit der Darstellung des Konflikts aus seiner Perspektive beginnt. Den anderen Beteiligten versichert er vorher, dass sie im Anschluss dieselbe Gelegenheit haben werden. Die Auswahl muss sachlich und einleuchtend begründet werden, zum Beispiel: „X hat sich an den Betriebsrat gewandt und über Y beschwert. X legt seine Beschwerde dar, dann wird Y seine Sicht darstellen". Niemand darf den Eindruck gewinnen, er werde übervorteilt.

Der Mediator als „aktiver Zuhörer"

Alle kommen ausreichend und gleichberechtigt zu Wort. Der Mediator ist „aktiver Zuhörer". Er greift nur ein, wenn jemand die Regeln verletzt. Am Ende jeder Konfliktdarstellung fasst er die Aussagen zusammen und vergewissert sich, ob er alles richtig verstanden hat. Wertende und verletzende Aussagen übernimmt er nicht.

Wenn alle zu Wort gekommen sind, visualisiert der Mediator die Sichtweisen des Konflikts mit Trennendem und Gemeinsamem auf dem Flipchart. Das Gemeinsame ist Ausgangspunkt für den Fortgang. Der Konflikt verliert hier schon an Schärfe. Die Präsenz des Mediators und die zusammenhängende Schilderung dämpft in den Parteien die Streitlust. Aber die Gegensätze werden nicht unter einer „verbindlichen Form" verborgen. Ihre Vermittlung steht noch bevor.

„Wünsch dir was"

Ziel der nächsten Verhandlungsrunde ist es, die wirklichen Gründe des Konflikts herauszufinden. Oft ist den Beteiligten selbst nicht klar, warum sie genau diese und keine andere Position einnehmen, noch viel weniger den Gegnern. Die Methode, um sich und den anderen das Verstehen zu ermöglichen, heißt „Wünsch dir was". Dabei legt jeder seine Idealvorstellungen, Wünsche und Bedürfnisse dar, ohne Rücksicht auf ihre Realisierbarkeit. „Ideal wäre es, wenn ...".

Wurden alle Wünsche geäußert, bittet der Mediator die Konfliktparteien, sich jeweils in die Lage des Kontrahenten zu versetzen und den Kern seines Anliegens zu formulieren: Worum geht es ihm? Der Gespiegelte sagt, ob er sich verstanden oder missverstanden fühlt.

Natürliche Autorität

Die Konfliktparteien nehmen die direkte Kommunikation auf. Der Mediator hat eine moderierende, ausgleichende, entlastende und leitende Funktion. Er muss mit seiner natürlichen Autorität das Gespräch der Gegner steuern. Gelingt dieser Schritt, können sich in Zukunft alle sehr viel stärker auf Sachfragen konzentrieren.

Konstruktive Lösungsvorschläge

Aus den gegenseitig verstandenen Positionen werden die Sachfragen klar herausgearbeitet. Der Mediator bittet um ein Brainstorming, in dem Ideen entwickelt werden. Realistisches und Utopisches, Praktisches und Theoretisches sollen sich mischen. In diesem Austausch wächst das Interesse der Parteien an Lösungen, sie werden kreativ und nähern sich damit dem Ziel „Konsens". Anschließend schauen sich alle die Ideen genauer an und überlegen:

- Was müsste von wem geleistet werden, um die einzelnen Ideen zu realisieren?
- Was davon kann nicht gefordert werden?
- Welche Positionsveränderungen sind notwendig, um eine bestimmte Idee zu praktizieren?

Eindeutig Utopisches, Ineffizientes und Einseitiges scheidet aus. Die verbleibenden Vorschläge werden detailliert ausgearbeitet und der Unternehmenswirklichkeit angepasst. Erfolge in kleineren Fragen motivieren für eine Lösung auch der größeren Gegensätze. Und so verwandelt sich die negative Energie des Konflikts in positive Kreativität und Kooperation am runden Tisch.

 Der Mediator setzt die Verhandlung als aktiver Zuhörer und Moderator, der die Beteiligten ins Gespräch bringt, in Gang. Diese schildern den Konfliktfall aus ihrer Sicht und versuchen die Perspektive der anderen Parteien einzunehmen. In einem Brainstorming erarbeiten alle gemeinsam erste Lösungsansätze. Negative Konfliktenergie verwandelt sich in positive Kreativität.

3.3 Wichtige Methoden der Mediation

Um Kommunikation und Konsensverhandlungen in Gang zu bringen, beherrscht der Mediator die Anwendung verschiedener Methoden. Er setzt sie flexibel ein, nachdem er sich zuvor sehr genau die Personen, ihr Verhalten und die spezielle Situation angeschaut hat. Das Spiegeln der gegenseitigen Positionen wurde schon als unverzichtbarer Bestandteil der Mediation beschrieben. Im Folgenden weitere hilfreiche Methoden:

„Habe ich dich richtig verstanden?"
Die Methode schult Kommunikation, Zuhören und Verstehen und gleicht dem „Spiegeln". Aus Konfliktgegnern werden Paare gebildet. A stellt eine Behauptung über den Konfliktgegenstand auf und begründet sie, B wiederholt die Aussage mit eigenen Worten so lange, bis B sich richtig verstanden fühlt. Dann spiegelt A die Position von B.

Eine Variante schult das empathische Kommunizieren: Statt einer Behauptung wird das innere Erleben des Konflikts mitgeteilt.

„Meine Welt – deine Welt"
Zwei Konfliktgegner treten gemeinsam ans Fenster. In ca. zwei Minuten notieren sie sich, was sie sehen, und beschreiben es anschließend den anderen. Dasselbe Bild erscheint in verschiedenen Sichtweisen. Die Übung hilft, die verschiedenen Wahrnehmungen der Realität im Unternehmen und des Konflikts zu verstehen und die eigene Sicht zu erweitern.

„Satz vollenden"

Jeder schreibt in einem kurzen Satz den Kernpunkt des Konflikts aus seiner Sicht auf eine Karte, alle beginnen mit der Formel: „Der Konflikt besteht darin, dass ..." Sind die Sätze individuell vollendet, werden die Karten an die Metaplan–Wand geheftet. Allen wird schnell deutlich, wie verschieden die Sichtweisen und das Bewusstsein über den Konflikt ist.

„Gegenseitige Interviews"

Jede Partei listet ihre Konflikt- und Streitpunkte auf. Zu jedem Punkt notiert sie die Emotionen, die der Konflikt bei ihr hervorruft sowie ihre Einschätzung der Emotionen bei der Gegenpartei. Die Parteien tauschen ihre Listen aus und vergleichen sie.

Anschließend interviewen sich die Konfliktgegner paarweise zu den Punkten, bei denen sie sich in ihrer Einschätzung am stärksten getäuscht haben. Bei dieser Übung bleiben die Übereinstimmungen unbeachtet. Das Trennende wird deutlich und in einer geregelten Form mitgeteilt, es wird verhandelbar.

„Geheimnisse lüften"

Um Vorurteile zu erkennen und zu korrigieren, notiert jeder seine Vorstellungen über die Verdächtigungen, Vermutungen, Personen, Ziele, Interessen und Aktivitäten. Der Mediator achtet darauf, dass die Notizen anonym bleiben. Dann sammelt er die Karten ein, mischt sie und verteilt sie in der Runde. Nacheinander liest jeder „seine" Karte vor. Oft führen diese „geheimen Mitteilungen" zum Kern der Konflikte.

„Gemeinsam malen"
Die Methode eignet sich besonders für einen Konflikt zwischen Führungskräften. Je zwei Teilnehmer malen mit einem Stift gemeinsam auf einem Blatt drei Dinge, die der Mediator vorgibt, und geben ihrem „Gemälde" am Ende eine schriftliche Note. Es darf nicht gesprochen werden, der Stift wird von beiden Teilnehmern festgehalten; sie arbeiten also gemeinsam an einer Aufgabe.

Anschließend tauschen sich die Paare über ihre Erfahrungen aus. Es werden Machtverhältnisse deutlich: Wer gibt nach, wer ergreift die Initiative, wie ergeht es einem dabei? Mit Hilfe dieser humorvollen Methode können diese wichtigen Fragen unverkrampft besprochen werden.

„Ich erinnere mich, dass ..."
Gruppen von maximal fünf Personen wählen einen kritischen Moment aus der Konfliktgeschichte aus und analysieren ihn. Für das Plenargespräch beantworten sie folgende Fragen:

* Was hat sich – Ihrem Empfinden nach – damals ereignet? Wer hat gehandelt?
* Auf welche Weise?
* Wie haben andere reagiert?

Die Anfangsformel lautet immer: „Meiner Erinnerung nach ..." So werden die heißen Phasen des Konflikts und seine Kernprobleme gemeinsam aufgearbeitet. Erwartungen, Hoffnungen und Befürchtungen aller werden vermittelt, ebenso wie Motive, Einstellungen und Ziele.

Es gibt sehr viele Methoden der Mediation, die Fachliteratur zählt sie auf. Wichtig ist, dass in dieser Phase der Mediation Kommunikation und Kooperation eingeleitet und eingeübt werden. Der Mediator übernimmt dann vor allem die Funktion eines Gesprächsleiters.

Gemeinsam Protokoll schreiben

Die Konfliktparteien sollen gemeinsam ein qualitatives Klima-Bild erstellen. Gemeinsam und gemischt sitzen die Teilnehmer um den Tisch herum. Der Mediator unterbricht nach ungefähr 15 Minuten die Besprechung. Er fordert die einzelnen Teilnehmer auf, all das zu notieren, was sie während der vorausgegangenen Unterredung gedacht, gefühlt und gewollt haben. Diese Rückschau soll jeder durch seine Wünsche für die nächste Gesprächsrunde vervollständigen. Dann reicht jeder der Teilnehmer sein Blatt zum linken Nachbarn weiter, der es liest. Es darf nicht gesprochen werden, die Auseinandersetzung mit dem anderen Protokoll geschieht schweigend. Es folgen weitere Gesprächsrunden mit anschließender Protokollpause. Wichtig: Die schriftlichen Bemerkungen bleiben zunächst unkommentiert. Erst nachdem die einzelnen Unterredungsrunden beendet sind, liest jeder Teilnehmer das vor ihm liegende Blatt laut vor. Zum Abschluss findet ein allgemeines Gespräch in der Gesamtgruppe statt.

Der Mediator verfügt über ein reichhaltiges Methoden-Set, um am runden Tisch die Kommunikation und Konsensverhandlungen herbeizuführen. Die Methoden unterstützen die Teilnehmer darin, die Position der anderen Partei(en) besser verstehen und nachvollziehen zu können und den Konfliktfall auch aus einer anderen Perspektive als der eigenen wahrzunehmen.

- **Die Mediation findet am runden Tisch statt. Ihr Ziel ist die Herstellung eines Konsenses, also einer einvernehmlichen, von allen Beteiligten erarbeiteten, verantworteten, getragenen und später praktizierten Vereinbarung.**
- **In den Verhandlungen nimmt der Mediator eine moderierende, ausgleichende und leitende Funktion ein. Er ist aktiver Zuhörer und hält das Gespräch in konstruktiven Bahnen.**
- **Die Teilnehmer klären am runden Tisch die Gründe für den Konflikt, stellen ihn aus ihrer Sicht dar, versetzen sich in die Perspektive der anderen Konfliktparteien und erarbeiten durch Brainstorming und Diskussion Lösungsvorschläge.**
- **Der Mediator setzt verschiedene Methoden ein, um den Konsens herbeizuführen.**

4. Konfliktenergie wird zu Leistungsenergie

Wissen Sie, wie Sie Wunschvorstellungen zur Konfliktlösung in praktikable Modelle und Konsenslösungen umwandeln? Seite 50

Kennen Sie die elementaren Bestandteile eines erfolgreichen Konsensvertrages? Seite 52

Wie können die Konfliktbeteiligten beim nächsten Konflikt auch ohne Mediator zurechtkommen?

Seite 56

Eine ganz andere Stimmung am runden Tisch – tritt die Mediation in diese Phase, ist der Konflikt eigentlich schon überwunden. Das Interesse an der Auseinandersetzung ist dem Interesse an der Verständigung gewichen. Ängste, Konflikttaktiken, Angriff und Verteidigung, Skepsis und Misstrauen sind „ausgeräumt". Jetzt erlebt man am runden Tisch Menschen, die miteinander sprechen, ein echtes Bemühen um Verständnis zeigen, ihre Beleidigungen verarbeitet haben und auch keine mehr aussprechen, kreative Ideen entwickeln, wie eine ideale Zusammenarbeit in ihrem Wunschdenken und in der Realität des Unternehmens aussehen könnte.

Im Alltag bewähren

Die Aufgabe der Mediation ist aber noch nicht vollends erledigt. Ein äußerst wichtiger Teil steht noch aus. Wird dieser qualitativ nicht optimal geleistet, ist der bisherige Fortschritt hinfällig. Denn was an Verständnis erreicht wurde, muss jetzt in einen praktischen und nachhaltigen Konsens weiterentwickelt werden. Das heißt, die Ursachen des Konflikts müssen beseitigt, eventuelle Missstände in Unternehmensstrukturen und Personalmanagement, in Aufgaben-, Verantwortungs- und Zeitzuteilung durch bessere Regelungen ersetzt und die zukünftige Kooperation positiv, realistisch und erfolgsorientiert vereinbart werden. Ansonsten brechen über kurz oder lang die alten Konflikte wieder auf oder neue Reibungsflächen bremsen die Zusammenarbeit und verschleißen die Mitarbeiter. Eine Mediation ist erst dann erfolgreich, wenn sich die ausgehandelte Kooperation im Alltag bewährt.

4.1 Die Kooperationsvereinbarung

Am runden Tisch werden die Wunschvorstellungen der ehemaligen Konfliktgegner geäußert. Die völlig unrealistischen Vorstellungen sind inzwischen aussortiert. In den verbleibenden sollten noch von jeder Partei Ideen und Anteile enthalten sein. Nun geht es von der Theorie an die praktische Umsetzung: Was jetzt ausgehandelt und festgeschrieben wird, muss erfolgreich, wirklichkeitsgerecht und dauerhaft umsetzbar sein. Kein Verhandeln mehr, sondern Handeln im Alltag.

Wunschvorschlag zur Konsenslösung bestimmen
Aus den Wunschvorschlägen wird von den Teilnehmern einer (oder, je nach Situation und Aufgabe, auch mehrere) ausgewählt und zur Konsenslösung bestimmt. Diese muss möglichst viele Vorteile für alle am Konflikt Beteiligten und die nicht anwesenden Kollegen bieten. Nichts darf erzwungen werden! Vor allem darf jetzt weder vom Mediator noch von den „Mächtigen" am Tisch Druck gemacht werden. Es geht um eine „win-win"-Lösung, die keine Bevorteilten und Verlierer hinterlässt, sondern alle gleichermaßen zufrieden stellt. Nach dem, was die Teilnehmer bei der Mediation mittlerweile gelernt haben, dürfte das kein großes Problem mehr sein.

Der Mediator als „advocatus diaboli"
Der Mediator hat nun eine andere Aufgabe: Das moderierende, vermittelnde, kommunikationsfördernde, leitende Element nimmt stark ab, jetzt übernimmt er auch die Rolle des „advocatus diaboli", des „Anwalts des

Teufels": Er erhebt gegen zu kurz gedachte, euphorische und idealistische Vereinbarungen begründeten Einspruch. Er klopft die Lösungen auf Harmoniesucht, faule Kompromisse und Widersprüche zu den Unternehmenszielen und der Marktwirtschaft ab.

Jetzt ist es ganz besonders wichtig, dass der Wirtschaftsmediator neben psychologischen und pädagogischen Qualitäten auch über Managementwissen und -erfahrung verfügt. Er stellt den Beteiligten und sich selbst folgende Kontrollfragen:

- Sind alle Möglichkeiten ausreichend geprüft? Sind bessere Alternativen – mehr Realisierbarkeit/Konsensfähigkeit – ausgeschlossen?
- Wird der Konflikt wirklich durch diese Übereinkunft nachhaltig gelöst? Sind alle früher geäußerten Wünsche und Beanstandungen ausreichend berücksichtigt?
- Sind jedem Beteiligten die Konsequenzen der Lösung bewusst? Ist jeder bereit und fähig, sie anzunehmen? Sind die Folgen wirtschaftlich und unternehmenspolitisch wünschenswert und vertretbar?
- Sind alle Implikationen der Lösung realisierbar? Werden Mitarbeiter bzw. Mitarbeiterinnen betroffen, die nicht am runden Tisch vertreten sind? Inwiefern? Ist das tragbar? Sind alle Konfliktbeteiligten ohne Wenn und Aber bereit, die erarbeitete Lösung mitzutragen und umzusetzen?

Tauchen bei einer der Fragen Zweifel auf, geht man sicherheitshalber einen Schritt zurück: Welche der

Wunschvorstellungen taugt als Lösung am besten, wie ist sie optimal umzusetzen? Erst wenn alle Fragen absolut geklärt sind, geht man gemeinsam den nächsten Schritt und setzt den schriftlichen Konsensvertrag auf.

Eine der im Plenum erarbeiteten Konfliktlösungen wird zur Konsenslösung bestimmt. Der Mediator überprüft ihre Praxistauglichkeit. Besteht sie diese Prüfung nicht, muss sie noch einmal diskutiert und eventuell wieder verworfen werden. Eine Mediation ist erst dann erfolgreich, wenn einer der am runden Tisch erarbeiteten Lösungsvorschläge in einen Konsensvertrag einfließt und als „win-win-Lösung" umgesetzt wird.

4.2   Der schriftliche Konsensvertrag

Die Mediation wird mit einem schriftlichen Vertrag abgeschlossen, der von allen Teilnehmern unterschrieben wird. In diesem – symbolischen wie real verpflichtenden – Akt äußert sich die Eigenverantwortlichkeit der ehemaligen Konfliktgegner für das Erreichte und seine Umsetzung.

Durch den Konsensvertrag wird das Vereinbarte überprüfbar. Er ist eine Erinnerung an die Mediation, an das erreichte Kommunikationsniveau und das gemeinsame Interesse an einer Kooperation. Symbolisch beendet der Vertrag das Konfliktverhältnis. Die Form vermittelt den Unterzeichnern Sicherheit über die gegenseitigen Rechte und Pflichten. Niemand taucht darin als Verlierer auf, alle sind Vertragspartner.

Klarer und eindeutiger Vertrag

Nicht der Mediator, die Teilnehmer selbst formulieren eigenständig die einzelnen Vereinbarungen. Tauchen bei der gemeinsamen Suche nach Formulierungen viele Schwierigkeiten auf, gibt es mehrere Auseinandersetzungen um Worte, sind das Zeichen, dass noch nicht alles geklärt ist. Dann muss noch einmal neu diskutiert und verhandelt werden.

Der Mediator ist zum Zeitpunkt der Vertragsaufsetzung also aufmerksamer Beobachter; er greift ein, wenn die schriftliche Fixierung der Lösung Defizite aufweist, und initiiert gegebenenfalls neue Vermittlungen. Er achtet darauf, dass keine Partei Formulierungen und Klauseln in den Vertrag aufnehmen lassen will, die Missverständnisse, Ausflüchte oder Ungleichgewichte verursachen könnten.

Ein Konsensvertrag enthält meist folgende Elemente:

- die Ursache(n) und den Gegenstand des Konflikts,
- die kurze Beschreibung des eingeschlagenen Wegs zur Lösung,
- die erreichte Klärung des Konflikts,
- die ausdrückliche Bereitschaftserklärung aller Konfliktbeteiligten zur Übernahme der vereinbarten Lösung im Alltag,
- die detaillierten Verpflichtungen, die sich aus der Lösung für die Beteiligten ergeben und die künftige Zusammenarbeit regeln,
- Name, Ort, Datum und Unterschrift der Konfliktbeteiligten und des Mediators.

Inhaltlich sollte die Vereinbarung umfassen:

- Regelungen zur Kommunikation wie regelmäßige Besprechungen mit Häufigkeit, Teilnehmern, Gesprächsleitung und -form. Zum Beispiel: „Abteilungsleiter X und Referent Y treffen sich jeden Freitag um 11.00 Uhr zu einer halbstündigen Besprechung zwecks Informationsaustausch und Klärung der persönlichen Kooperation."
- Leicht umsetzbare Lösungen, etwa eine andere Sitzordnung in einer Abteilung, um die Kooperation und Kommunikation zu erleichtern. Das hat den Vorteil, dass die Beteiligten gleich im Anschluss an die letzte Runde der Mediation etwas gemeinsam tun, die Veränderung sofort erfahren können.
- Mittel- und langfristige Vorhaben und Absichten mit Zeitangaben zur Überprüfung: „Wir werden innerhalb von sechs Monaten das Projekt X abschließen, alle dreißig Tage werden in einer gemeinsamen Runde die Entwicklung überprüft und die Ergebnisse ausgetauscht."
- Allgemein: Realistische und an den Teilnehmern orientierte Zeitangaben sind unerlässlich. Sie sind überprüfbar und erleichtern die konkrete Umsetzung der Lösung.
- Unternehmensinterne Moderatoren, auf die sich die Mediationsteilnehmer einigen, können im Vertrag als Gesprächsleiter und „Paten" des Kooperationsprozesses benannt werden.
- Sollte das objektiv unangemessene Verhalten Einzelner Ursache von Konflikten gewesen sein, hilft es, ihre Absichten aufzuschreiben, sich in Zukunft an

bestimmte Konventionen zu halten und dies in eine kollektive Verpflichtung einzubinden. Beispiel: „Abteilungsleiter X bemüht sich um respektvolle Umgangsformen auch in seiner Sprache. Seine Mitarbeiter unterstützen ihn durch eine termingerechte Realisierung der Ziele der Abteilung."

Unterschrift und Abschluss

Bei der Unterschriftenleistung hat der Mediator die Funktion des „Notars": Er liest den Vertrag laut und deutlich vor, bittet die Vermittlungsbeteiligten um ihre Unterschrift und unterschreibt – als „öffentlicher Zeuge" – als Letzter.

Damit ist die eigentliche Mediation abgeschlossen. Aber ein pflichtbewusster und erfahrener Mediator kümmert sich auch um eine intensive Nachsorge.

Der Konsensvertrag wird schriftlich abgefasst. Die vereinbarten Regelungen sind so exakt und eindeutig wie möglich zu formulieren. Der Vertragsinhalt ist verpflichtend und ermöglicht die Überprüfung, ob sich die Konfliktparteien an die getroffenen Vereinbarungen halten. Die Vereinbarungen des Vertrages legen die Konfliktbeteiligten selbst fest. Der Mediator greift nur ein, wenn der Vertrag nicht eindeutig genug ist. Zum Schluss unterschreiben alle Teilnehmer den Vertrag – auch der Mediator.

4.3 Intensive Nachbereitung der Mediation

Nach dem letzten Treffen am runden Tisch vereinbart der Mediator mit den Beteiligten je nach Umfang und Schwierigkeitsgrad von Konflikt, Mediation und Konsenslösung einen bis mehrere Nachsorgetermine.

Dann informiert er den Auftraggeber, die Unternehmensleitung, die Personalabteilung und – je nach Situation – den Betriebsrat über das Ergebnis. Selbstverständlich ohne Verletzung der Diskretion!

Inhalte der Nachsorgetermine
Bei den Nachsorgeterminen spricht man in der Runde über die Bewährung der Vereinbarungen in der Praxis:

- Sind alle Absprachen praxistauglich?
- Welche positiven und negativen Erfahrungen werden gemacht?
- Welche Emotionen und Sichtweisen ruft die Zusammenarbeit im Alltag hervor? Wie gehen die Beteiligten damit um?
- Welche Ereignisse sind unvorhergesehen eingetreten und bedeutsam für die Kooperation?
- Wie erfahren an der Mediation Unbeteiligte von dem neuen Modell der Kooperation?
- Sind in Ergänzung zum Vertrag offene Fragen zu klären und einvernehmlich Korrekturen vorzunehmen?
- Gab es Rückfälle in Verhaltensweisen aus der Zeit des Konflikts? Sind sie als „Ausrutscher" zu behandeln oder zeigen sich darin tiefere Unstimmigkeiten?

Selbst jetzt können noch einmal Einzelgespräche zwischen Mediator und Teilnehmern oder auch Verhandlungsrunden mit allen sinnvoll sein.

„Nebenwirkungen"

Menschen erleben nach einem emotionsgeladenen Prozess in bestimmten Phasen die Gefühle noch einmal. In Erinnerungen werden sie gegenwärtig und mächtig. Einige misstrauen ihren eigenen Veränderungen und denen anderer. Auch in der Retrospektive können noch Klärungen stattfinden. Das beugt unter anderem dem späteren Empfinden der in einer bestimmten emotionalen Lage gemachten Zustimmung zum Konsens als „Zwangsvereinbarung" vor.

Manche beschäftigen sich tief in ihrem Innern weiterhin mit erfahrenen Beleidigungen; sie brauchen Zeit, um sie endgültig zu überwinden, vielleicht mehr Zeit, als die Mediation dauert. Wieder andere benötigen vielleicht einfach die Bestärkung ihrer positiven Absichten durch den Mediator, zu dem sie Vertrauen gefasst haben. Oft ist es auch gut, das in der Mediation erfahrene Zusammensein und die darin gepflegte Kommunikation einfach nur noch einmal zu erleben, um die Stabilität des Erreichten zu erhöhen.

Der Mediator wird überflüssig

Allerdings: Der Mediator darf nicht am Mediationsprozess „kleben" und immer neue Termine anberaumen. Dann würde er die Teilnehmer entmündigen und das Ergebnis der Verhandlungen gefährden, das ja von den ehemaligen Konfliktbeteiligten eigenverantwortlich umgesetzt werden muss. Der Konflikt darf nicht in Plauderstunden schöngemalt werden. Der Mediator muss sich überflüssig machen!

Der Nutzen der Mediation

Niemand sollte euphorische Erwartungen an eine Mediation stellen. Es geht nicht um den „ewigen Frieden" in „vollkommener Harmonie". Vielmehr geht es um ein Auskommen miteinander und um ein Zusammenarbeiten, das im Interesse aller und des Unternehmens ist. Es geht auch nicht um dauerhafte Einstimmigkeit. Aber um Diskussionen, die fair und im Interesse der Sache und der Beteiligten geführt werden – durchaus auch konträr.

Konfliktenergie muss Leistungsenergie werden. Ob Sie nun einen externen Mediator zu Rate ziehen oder als Führungskraft selbst die Rolle des Vermittlers übernehmen: Letztendlich geht es nicht allein darum, Konflikte zu lösen. Mediation will mehr. Energien, die Ihre Mitarbeiter zum Beispiel in Klatsch, Streit, Revierkämpfe und destruktive Auseinandersetzungen „investieren" und die dort sinnlos verbraucht werden, sollen Ihrem Unternehmen als positive Leistungsenergie zufließen. Insofern verknüpft Mediation Konfliktlösung, Personalentwicklung und Unternehmensentwicklung.

Kein Mediationsprozess ohne intensive Nachbereitung! In den Nachsorgeterminen überprüft der Mediator, ob sich die Konsenslösung in der Realität bewährt. Ist dies nicht der Fall, stehen „Nachverhandlungen" mit der gesamten Gruppe oder mit einzelnen Konfliktbeteilig-

*ten an. Letztendlich will sich der Mediator überflüssig
machen – die ehemaligen Konfliktbeteiligten sollen in
der Lage sein, zukünftige Konflikte selbst zu lösen.*

4.4 Mediation im Überblick

Der Mediationsprozess umfasst sieben Schritte und ver-
ändert einen Konflikt schrittweise zu seiner Lösung.
Man kann zur Verdeutlichung einen Produktionspro-
zess annehmen: Der Konflikt (Ursachen, Gegenstand,
Konfliktenergien, Eskalationsstufen) ist das Rohmaterial, aus dem ein Produkt hergestellt wird. Unter Anleitung des Mediators verwandeln die Konfliktparteien
das Rohmaterial in das Endprodukt: die Lösung. Die
Mediation ist die Filteranlage, die dem Arbeitsteam zur
Verfügung steht.

1.	Vorstellung	Spannung
	Einzelgespräche	Erwartungshaltung
	Konfliktanalyse	Skepsis

2.	Am runden Tisch	Aufnahme der
	Konfliktdarstellung	Kommunikation über
		den Mediator
		Erste Entspannung

3.	Wunschvorstellungen	Direkte Kommunikation
	Spiegelung	Emotionale Entkrampfung
		Verstehen

4.	Lösungsideen	Versachlichung
		Konstruktivität
		Zusammenwirken

5.	Lösung	Konsensbildung
		Prüfung der Lösung
		Konfliktbeilegung

6.	Vertragsabschluss	Vertragspartnerschaft
		Verpflichtung
		Basis für Normalität

7.	Nachsorge	Umsetzung d. Lösung
		Kooperation im Alltag

- *Die Konfliktbeteiligten bestimmen einen der gemeinsam erarbeiteten Lösungsvorschläge zur Konsenslösung. In einem Konsensvertrag, den die Teilnehmer ebenfalls gemeinsam aufsetzen, formulieren, verabschieden und verbindlich unterschreiben, sind die Details der getroffenen Vereinbarungen genau geregelt. Der Mediator begleitet den Prozess als kritischer Beobachter, der auf die Klarheit und Eindeutigkeit der Vereinbarungen im Konsensvertrag achtet.*
- *Der Konsensvertrag beendet zwar symbolisch das Konfliktverhältnis – dennoch begleitet der Mediator die Konfliktbeteiligten „über die*

Mediation" hinaus. Er beraumt Nachsorgetermine ein, durch die die Konfliktbeteiligten endgültig Konfliktsouveränität erlangen können. Sie nutzen Konfliktenergie nun als Leistungsenergie.

- *Menschen, die über Konfliktsouveränität verfügen und ihre Konflikte eigenverantwortlich lösen können, nutzen nun Konfliktenergie als Lösungsenergie.*

5. Mediation und Management

Kennen Sie Anwendungsbereiche der Mediation, die über eine reine Konfliktlösung hinausgehen?

Seite 63

Ist Ihnen bekannt, wie Sie mit Mediation Zeit effektiver nutzen?

Seite 66

Wissen Sie, wie Sie in Ihrem Unternehmen Arbeitnehmer und Arbeitgeber an den runden Tisch der Mediation bekommen? *Seite 69*

Im Folgenden zeige ich Ihnen einige Perspektiven und Anwendungsbereiche einer erfolgreichen Mediation im Management auf. Sie sollen demonstrieren, weshalb und auf welche Weise die Methoden und Erfahrungen der Mediation im täglichen Management nützlich sind. Das bedeutet nicht, dass Mediatoren zu Managern werden sollen. Aber dass Manager (auch) Mediatoren werden sollten, um noch erfolgreicher zu führen und zu wirtschaften, ist durchaus eine Überlegung wert. Denn der Manager als Mediator kann auf die Herausforderungen des Marktes mit sehr praktischen und wirksamen Reaktionen antworten.

5.1   Mediation als Kommunikations-
training

Jede Mediation ist ein intensives Kommunikationstraining. Vielleicht liegt darin die große Herausforderung und – wenn es ihm gelingt – auch die Kunst des Mediators: Menschen, die nicht mehr miteinander sprechen können oder wollen, ins konstruktive Gespräch zu bringen.

Ich betone: Der Mediator löst die Konflikte nicht, er macht keine Vorschläge zur Kooperation im Unternehmen. Der Mediator vermittelt. Die Konfliktbeteiligten selbst erarbeiten die Lösungen und verständigen sich – unter Anleitung des Mediators – darauf. Deshalb entstehen bei der Mediation den beteiligten Personen und dem Unternehmen völlig entsprechende, nicht übergestülpte Kooperationsmodelle.

Diese entscheidende Vermittlung kann nur durch die Initiierung eines echten Kommunikationsprozesses zwischen den Beteiligten zustande kommen. Der Mediator investiert also all sein Können in den Aufbau von Kommunikationsbeziehungen, die auch nach dem Mediationsprozess die Fortschreibung der Kooperation garantieren.

Mangelnde Verständigung, ein eingeschränkter Informationsfluss, eine schlechte oder auch übertriebene Kommunikationskultur im Unternehmen bedeuten nicht immer Konflikte, stets aber eine drastische Verminderung der potenziellen Wertabschöpfung.

Kommunikationskultur verbessern

Vor allem während des ersten Teils der Mediation werden den Beteiligten und der Situation entsprechend zahlreiche Methoden angewendet, die eine bessere Kommunikation bewirken. „Meine Welt – deine Welt", „Spiegeln", „Doppeln" das sind Übungen, die das Mitteilen und gemeinsame Verstehen trainieren. Dann erst können Sachfragen gemeinsam gelöst werden.

Für die Optimierung der Kommunikationskultur in einem Unternehmen empfiehlt sich Mediation also nicht erst im Konfliktfall, sondern auch zur:

- Konfliktprophylaxe,
- Maximierung der Leistung in den Teams,
- Vereinfachung und Verbesserung der Entscheidungs- und Entwicklungsprozesse
- und zum angenehmeren und damit erfolgreichen Miteinanderarbeiten.

Im Mittelpunkt der Mediation steht die Kommunikation zwischen den Konfliktbeteiligten – oft genug zwischen Menschen, die nicht mehr miteinander sprechen konnten oder wollten. Mediation ist mithin auch immer Kommunikationstraining. Ziel des Mediators ist es dabei, langfristig wirkende Kommunikationsbeziehungen aufzubauen.

5.2   Freiheit und Eigenverantwortung

Es gehört zum guten Ton bei Führungskräften, vom Prinzip der Freiheit und Selbstverantwortung seitens der Mitarbeiter theoretisch überzeugt zu sein. In der Praxis ist die Balance zwischen Führung und Freiheit nur schwer zu finden. Die Mitarbeiter können nicht „über einen Kamm geschoren" werden. Es bedarf sowohl eines dem Individuum als auch eines den Erfordernissen des Unternehmens und seiner Arbeits- und Produktionsprozesse gerecht werdenden Gleichgewichts von Führung und Freiheit.

Eine Mediation richtet sich nach den beteiligten Individuen. Sie fordert und fördert entweder ihre Freiheit und Selbstverantwortung, damit daraus ein eigenverantworteter, praktikabler Konsens erwächst, oder aber sie weist Freiheit und Durchsetzungsvermögen – bei sehr dominanten Menschen – in die Schranken der Kooperation.

Mediation und Selbstbestimmung
Während des Mediationsprozesses entdecken die Beteiligten ihre Potenziale und die ihnen eigene Art, diese in

ein gemeinschaftsbezogenes Kooperationsmodell, das für das Unternehmen, für die Kollegen und für einen selbst vorteilhaft ist, einzubringen. In der Nachsorge wird auf eben dieses Gleichgewicht zwischen individueller Freiheit und Verantwortung für das kollektive Ganze bei jedem Einzelnen geachtet. Dies bedarf selbstverständlich der Einübung und Unterstützung über die Initiation in der Mediation hinaus. Aber die Grundlagen dazu werden im Vermittlungsprozess gelegt.

Auch Führungskräfte können durch die Mediation das richtige Maß für Führung und Überlassen finden, durch das Konflikte verhindert werden, Leistung maximiert und eine alle zufrieden stellende Zusammenarbeit ermöglicht wird.

 Philosophie, Konzept und praktischer Verlauf der Mediation fordern und fördern den eigenverantwortlichen und selbstbestimmten Mitarbeiter, der nicht nur seine eigene Freiheit im Blick hat, sondern auch die Ziele und Erwartungen der gleichberechtigten „Gegenparteien". So trainieren die Teilnehmer im Vermittlungsprozess auch, auf die anderen Rücksicht zu nehmen und sie und ihre Meinungen zu respektieren bzw. zu akzeptieren.

5.3   Mediation und Zeitmanagement

Zeit wird zum entscheidenden Faktor in der Konkurrenz um den Erfolg. Dieser Vorsprung muss von der „Ressource Mensch" erwirtschaftet werden. Die fast unvermeidliche Folge sind Konflikte in den Unternehmen.

Zeitstress als Konfliktauslöser

Unter Zeitdruck reagieren fast alle Menschen gereizt. Notwendige und sinnvolle Diskussionen über Sachfragen geraten dann rasch zu heftigen persönlichen Auseinandersetzungen. Die natürliche Konkurrenz zwischen den Mitarbeitern artet in Machtkämpfen aus. Zu schnell gefällte Entscheidungen provozieren Fehler – Zeitmangel installiert einen Dauerkonflikt.

In allen Konfliktfällen, die ich aus der Praxis als Mediator kenne, war der Faktor Zeit gravierend. Entweder hat Zeitdruck den Konflikt ausgelöst (was sich als Beziehungskonflikt manifestierte, wurzelte in mangelhaftem Zeitmanagement) oder er hat relativ harmlose Reibungen eskalieren lassen (heftiger Streit zwischen Führungskräften um Ressourcen wegen dringender Termingeschäfte).

Konflikte entstehen in einem Spannungsfeld von Zeit: Investitions- und Entwicklungszyklen, Produktionsfristen, Termingeschäfte und vieles mehr bilden die spannungsreichen Bedingungen außer- und innerhalb der Unternehmen. Konflikte schaffen zusätzliche zeitliche Spannungsfelder: Konfliktgegner bauen Angriffs- und Verteidigungsstrategien so rasch wie möglich auf; oft entscheidet Schnelligkeit – wie im Boxring – über den Sieg. Oder es gewinnt der, der am längsten stur stillhalten kann. Der zugespitzte Tarifkonflikt mit Streik und Aussperrung mag als Beispiel genügen.

Mediation managt Zeit

Mediation ist immer auch Zeitmanagement:

- Auf den virulent wirksamen Zeitfaktor reagiert Mediation mit ihrem eigenen „Rhythmus".
- Sie gibt Zeit für Kommunikationsaufbau und -einübung.
- Sie gibt Zeit für die Entwicklung und Überprüfung von Entscheidungen im Konsens.
- Sie gibt Zeit zum Überwinden von Beleidigungen, Feindschaften, Aggressionen und Rachegedanken und „löst die Konfliktbremsen".
- Sie trainiert den Umgang mit Zeit, beschleunigt in Reibungen verzögerte Prozesse, bremst zu hastige Abläufe.
- Am Ende führt zu Mediation zu einer humanen und wirtschaftlich erfolgreichen Kooperation, die keine Zeit mehr verliert.

Nach einer Mediation haben die Beteiligten ihr „Tempo" für Kommunikation, Entscheidungsfindung und Kooperation gefunden – unter den realen Bedingungen eines dem Erfolg verpflichteten Unternehmens. Nach der Mediation läuft es „wie am Schnürchen". Die in den Vermittlungsprozess investierte Zeit wird schnell eingeholt und in Zeitgewinn umgewandelt.

 Mediation ist auch Zeitmanagement – nicht in dem Sinn, dass Zeit unmittelbar freigesetzt wird. Vielmehr können sich die Beteiligten im Vermittlungsprozess Zeit nehmen für die Ansprache von Konflikten, das respektvolle Gespräch, die partnerschaftliche Kommunikation.

5.4   Mediation als Brückenschlag

Die Reform des Betriebsverfassungsgesetzes im Jahr 2001 ging in alter Denkweise vom Gegensatz zwischen Kapital und Arbeit aus. Die Parteien müssen, so die Prämisse, mit gesetzlicher Kraft zur Kooperation gezwungen werden. Es ist unvermeidlich, dass durch die Gesetzesreform die betriebliche Mitbestimmung mit Konflikten aufgeladen und die Konfrontation festgeschrieben wird. Konfrontation und Konflikte aber kosten die Unternehmen Zeit, Geld und Erfolg.

Konfrontation, Konflikte, Reibungsverluste
Wie auch immer man politisch über die Gesetzgebung zur Betriebsverfassung denken mag, ihr Neustart nach der Reform ist belastet. Denn die „Kooperation" geschieht mit Widerwillen und Parteiendenken. Die Tendenz ist eindeutig: Konfrontation, Konflikte, Reibungsverluste. Sogar im Wirtschaftsministerium gab es Überlegungen, das Gesetz als Koordination von gegensätzlichen und gemeinsamen Interessen zu sehen und zu formulieren. Also nicht auf Konfrontations-, sondern auf Kooperationskurs die wirtschaftlich-sozialen Belange zu gestalten. Die politische Lage hat dies nicht zugelassen.

Mediation als Brücke
Dennoch: Unternehmen könnten, anstatt durch Reibungen Verluste hinzunehmen und dies auch von Anfang an als einzige Möglichkeit zu sehen, die Mitbestimmung auch unter dem Ziel und Grundaspekt „Maximierung von Erfolg" installieren. Mit den

ideologischen Belastungen und Blickverstellungen scheint das zwar schwierig, die Erfahrungen mit Mediation aber machen es möglich und den Erfolg wahrscheinlich. Die unternehmensinternen Kapital- und Arbeitnehmerseiten könnten in einem Mediationsprozess ihre gemeinsamen und gegensätzlichen Interessen zu einem Konsens verhandeln und diesen sehr rasch zur Praxis werden lassen. Die positiven Elemente einer Mitbestimmung – gemeinsames unternehmerisches Denken, Einbindung in gemeinsame Verantwortung, Annäherung von Gegensätzen – könnten auf diese Weise Potenziale erschließen, die bisher wegen Misstrauen und starrem Rollendenken ungenutzt blieben.

Es geht nicht um das Retuschieren von Gegensätzen! Es geht um die optimale und klärende Koordination von Gemeinsamkeiten und Gegensätzen. Die langen Phasen des Misstrauens, Abtastens, Taktierens auf beiden Seiten könnten am runden Tisch der Mediation abgekürzt und schnell in positive Leistungsenergie verwandelt werden: Mitbestimmung als Standortvorteil. Mit dem Verständnis am runden Tisch stellt sich „automatisch" ein anderes Denken ein. Was spricht dagegen, sich die Erfahrungen der Mediation aus rein praktischen, nicht ideologischen Gründen zunutze zu machen?

Häufig stehen sich Arbeitgeber und Arbeitnehmer bzw. Arbeitgeber- und Arbeitnehmerverbände konträr gegenüber. Die Mediation bietet die Möglichkeit zum freiwilligen kooperativen Brückenschlag, indem die Parteien am runden Tisch eine Konsenslösung im Sinne der Mediation herbeiführen.

- *Mediation leistet mehr als nur die Vermittlung zwischen Konfliktparteien. Ein „Nebeneffekt" der Mediation ist die Verbesserung der Kommunikationskultur in Ihrem Unternehmen.*
- *Der Mediationsprozess fordert von den Konfliktparteien Eigenverantwortlichkeit, gegenseitige Achtung, Toleranz und die Akzeptanz des anderen. Gleichzeitig trainiert der Prozess aber diese Kompetenzen.*
- *Mediation ist Zeitmanagement, indem sie Zeit gibt für die Bewältigung und Lösung von Konflikten, die ansonsten unter „den Teppich gekehrt" worden wären und zu Reibungsverlusten geführt hätten.*

Ihre Eignung zum Mediator

Es gibt externe, aber auch interne Mediatoren. Vielleicht wären auch Sie selbst in der Lage, einen Vermittlungsprozess durchzuführen?

Die Checkliste formuliert einige Anforderungen an einen Mediator. Bitte kreuzen Sie an, ob Sie über die entsprechenden Kernkompetenzen verfügen. Vielleicht ist es Ihnen auch möglich, eine Fremdeinschätzung einzuholen, also einen Bekannten oder Freund zu bitten, Sie bezüglich der genannten Kompetenzen zu beurteilen.

		Ja	Nein
1.	Ich bin in der Lage, mich selbst zurückzunehmen, und muss nicht unbedingt im Mittelpunkt stehen.	☐	☐
2.	Ich kann mich sehr gut in andere Menschen hineinversetzen.	☐	☐
3.	Ich bin in der Lage, eine Sache auch einmal aus einer ganz anderen Perspektive als der gewohnten zu betrachten.	☐	☐
4.	Mein Führungsstil ist partnerorientiert.	☐	☐
5.	Ich bin bereit, mir viel Zeit für Gespräche zu nehmen und dem Gegenüber aufmerksam zuzuhören.	☐	☐
6.	Ich beherrsche die gängigen Kommunikationstechniken (wie aktives Zuhören, Fragetechnik).	☐	☐
7.	Ich habe die Kommunikationstechniken der „Verbalisierung" und der „Paraphrasierung" bereits angewendet.	☐	☐

8. Ich setze des Öfteren Visualisierungs-
   techniken ein (z. B. Flipchart, Pinn-
   wand, Overhead-Projektor, Karten-
   abfrage). ☐ ☐

9. Ich habe bereits mehrmals Konferenzen,
   Sitzungen und Meetings moderiert und
   dabei die Moderationstechnik eingesetzt. ☐ ☐

10. Ich beherrsche die Techniken der
    Gruppenarbeit. ☐ ☐

11. Ich kenne die Technik „Brainstorming"
    und habe sie schon des Öfteren
    eingesetzt. ☐ ☐

12. Ich beherrsche die „Kunst des Lobens"
    und der motivierenden Aufmunterung. ☐ ☐

Wenn Sie mindestens die Hälfte der Fragen mit „Ja"
beantwortet haben, sollten Sie mit einem Mediations-
Experten klären, was Sie noch wissen bzw. tun müssen,
um eine Mediation erfolgreich durchführen zu können.

Weiterführende Literatur

- ALTMANN, G., FIEBIGER, H., MÜLLER, R., Mediation: Konfliktmanagement für moderne Unternehmen, Weinheim und Basel 1999.
- BECK, R., Konfliktmanagement, Alling 1995.
- BESEMER, C., Mediation, Vermittlung in Konflikten, Freiburg 1995.
- FACHHOCHSCHULE HAMBURG, Konflikte im Arbeitsleben, Hamburg 1999.
- FISHER, R., URY, W., PATTON, B., Das Harvard-Konzept, Frankfurt am Main 1993.
- FRIEDMAN, G., Die Scheidungs-Mediation, Anleitung zu einer fairen Trennung, Hamburg 1996.
- GEIßLER, K.–H., Zeit leben, Weinheim/Berlin 1996.
- GEIßLER, K.–H., Zeit, Berlin 1997.
- GLASL, F., Konfliktfähigkeit statt Streitlust, Dornach 1998.
- GLASL, F., Konfliktmanagement, Bern 1994.
- GLASL, F., Selbsthilfe in Konflikten, Konzepte, Übungen, Praktische Methoden, Stuttgart 1998.
- HEINTEL, P., Innehalten, Freiburg 1999.
- HUGO-BECKER, A., BECKER, H., Psychologisches Konfliktmanagement, München 1996.
- SCHWARZ, G., Konfliktmanagement, Wiesbaden 1995.
- STREMPEL, D., Mediation in der Praxis, Berlin 1998.
- THOMANN, C., Klärungshilfe: Konflikte im Beruf, Hamburg 1998.

- WITTSCHIER, BERND M., Konflikt im Betriebsgetriebe, IQ Magazin zur Weiterbildung von Führungskräften 6/1999.
- WITTSCHIER, BERND M., Konflikt-Management im Unternehmen, Wege zur sach- und interessengerechten Problemlösung, Industrie Service 6/1997.
- WITTSCHIER, BERND M., Konfliktzünder Zeit, Wirtschaftsmediation in der Praxis, Wiesbaden 2000.
- WITTSCHIER, BERND M., Konflixt und zugenäht, Konflikte kreativ lösen durch Wirtschafts-Mediation, Wiesbaden 1998.
- WITTSCHIER, BERND M., Kreative Problemlösungen, Plädoyer für eine kreative Streitkultur, WWP GmbH Karriereberater 3/1997.
- WITTSCHIER, BERND M., So wirkt Mediation, Wirtschaft & Weiterbildung, 6/2001.
- WITTSCHIER, BERND M., Zeit und Mediation, Gruppendynamik und Organisationsberatung, 3. Q./2001.

Der Autor

Bevor Dr. Bernd M. Wittschier, Jahrgang 1949, die Mediation zu seinem Beruf machte, war er mehr als zehn Jahre Manager in einem großen Finanzdienstleistungsunternehmen. Ausgebildet in Pädagogik und Psychologie, promoviert in Philosophie, lernte er in diesen Jahren das verantwortungsvolle und erfolgreiche Management.

Wittschier führte die Abteilungen Vertrieb und Verkauf und leitete Seminare und Trainings für Führungskräfte. Immer in exponierter Position, entwickelte er in der Leitung von Verhandlungen seine Fähigkeiten für kreative Konfliktlösungen.

Auf der Suche nach praxisorientierten Wegen der Vermittlung befasste Wittschier sich schon in den achtziger Jahren als einer der ersten in Deutschland mit der Methode „Mediation in Unternehmen". Er gründete das Unternehmen 4 · 2 · 3 Konflikt – Dialog – Mediation, das Beratung und Training für die Wirtschaft anbietet und im Bereich Mediation auf dem Markt eine führende Position einnimmt.

Bitte wenden Sie sich für weitere Informationen und in allen Fragen der Mediation an:
4 · 2 · 3 Konflikt - Dialog - Mediation
Markt 2, 50374 Erftstadt
Telefon: 0 22 35 - 46 17 57, Telefax: 0 22 35 - 44 36 1
E-Mail: witt423@aol.com
Internet: www.423gmbh.de

Publikationen des Autors

- Konflixt und zugenäht. Konflikte kreativ lösen durch Wirtschafts-Mediation, Gabler Verlag, Wiesbaden 1998.

- Konfliktzünder Zeit. Wirtschaftsmediation in der Praxis, Gabler Verlag, Wiesbaden 2000.

- Neue Wege für Ihren Erfolg, Max Schimmel Verlag, Würzburg 1995.

- Job-Fit: Ihre Sprache – Wichtigstes Kommunikationsmittel, St. Gallen 1996.

- Kreative Problemlösungen. Plädoyer für eine kreative Streitkultur, WWP GmbH, Karriereberater 3/1997.

- Konflikt-Management im Unternehmen. Wege zur sach- und interessengerechten Problemlösung, Industrie Service 6/1997.

- Konflikt im Betriebsgetriebe. IQ Magazin zur Weiterbildung von Führungskräften 6/1999.

Register

Zu diesem Themenkreis sind bereits erschienen: